Texte der mündlichen *Latinumsprüfung*

Ausgewählt,
erläutert und übersetzt
von
Reinhild Fuhrmann

Cornelsen

Inhaltsverzeichnis

	Text	*sprachliche Erläuterungen*	*Übersetzung*
I Prüfungstexte Cicero			
Text 1 (pro Sestio 96)	4	20	52
Text 2 (Philippica 4, 6, 1)	4	21	52
Text 3 (Cat. 4, 18)	5	21	52
Text 4 (de imp. 29)	5	22	53
Text 5 (in Caec. 2 ff.)	6	22	53
Text 6 (Sext. Rosc. 154)	6	23	53
Text 7 (de imp. 37, 3)	6	24	54
Text 8 (de imp. 49)	7	25	54
Text 9 (de off. 3, 38)	7	25	54
Text 10 (de off. 3, 113)	7	26	54
Text 11 (de off. 1, 57)	8	27	55
Text 12 (de off. 1, 69)	8	27	55
Text 13 (de off. 1, 74)	8	28	55
Text 14 (de off. 1, 153)	9	29	56
Text 15 (de off. 1, 154)	9	29	56
Text 16 (de invent. 1, 1)	10	30	56
Text 17 (de invent. 1, 2)	10	31	57
Text 18 (Tusc. Disp. 5, 60)	10	31	57
Text 19 (ad Quint. Frat. 1, 1, 29)	11	32	57
Text 20 (de off. 3, 56)	11	33	58
II Prüfungstexte Caesar			
Text 1 (B. G. IV 7, 1–3)	12	34	58
Text 2 (B. G. VII 14, 1–4)	12	35	58
Text 3 (B. G. IV 19, 1–3)	12	36	59
Text 4 (B. G. I 46, 1–3)	13	37	59
Text 5 (B. C. I 73, 1–3)	13	38	59
III Prüfungstexte Sallust			
Besonderheiten der Sprache Sallust		39	
Text 1 (Iug. 61, 1–2)	14	40	60
Text 2 (Cat. 22, 1–2)	14	41	60
Text 3 (Ep. 2, 1)	14	41	60
Text 4 (Cat. 51, 1–4)	15	42	60
Text 5 (inv. in Cic. 7)	15	43	61
IV Prüfungstexte Livius			
Text 1 (V 18, 7–9)	16	44	61
Text 2 (XXII 13, 9–11)	16	44	62
Text 3 (XXXI 20, 2)	16	45	62
Text 4 (XXI 9, 3–4)	17	46	62
Text 5 (XXI 10, 4–5)	17	46	63
IV Prüfungstexte Seneca			
Text 1 (ep. 50, 3–4)	18	48	63
Text 2 (ep. 48, 2–3)	18	48	63
Text 3 (ep. 1, 1)	19	49	64
Text 4 (ep. 1, 2)	19	49	64
Text 5 (ep. 41, 1–2)	19	50	64

Vorwort

Die vorliegende Textsammlung enthält ausschließlich originale Texte der mündlichen Prüfung aus dem gesamten Bundesgebiet zum „Kleinen Latinum" und zum „Latinum". Sie soll der eigenständigen Vorbereitung auf die in den einzelnen Bundesländern unterschiedlichen Prüfungsanforderungen dienen.
Sie ist in erster Linie für Studentinnen und Studenten gedacht, die die oben genannten Sprachqualifikationen als Voraussetzung für diverse Studiengänge erwerben müssen, aber auch für Schülerinnen und Schüler von Arbeitsgemeinschaften und zur Vorbereitung auf das Abitur.
Da Cicero der Autor ist, der am häufigsten in den Latinumskursen gelesen wird, und seinem Werk die meisten Prüfungstexte entnommen sind, nimmt er auch hier eine exponierte Stellung ein.
Die Texte sind in den Prüfungen mit Einleitungen und Anmerkungen unterschiedlicher Quantität ausgestattet und hier in dieser Form wiedergegeben. Die Übersetzungen sind so gestaltet, dass sie dem heutigen deutschen Sprachgebrauch entsprechen, die lateinischen Satzkonstruktionen aber nicht vernachlässigen.
Die „grammatikalischen Erläuterungen" im Lösungsteil beziehen sich auf folgende Grammatiken: Manfred Blank, Werner Fortmann u. a.: VIDEO. Anschauliche lateinische Kurzgrammatik. Berlin: Cornelsen 1999 sowie Eduard Bornemann: Kurzgefaßte lateinische Sprachlehre, Cornelsen [19]1995 (zitiert nach Paragraphen). Es kann aber auch jede andere lateinische Grammatik mit Hilfe des dortigen Index benutzt werden.

Göttingen, November 1998

A Textteil

I Prüfungstexte Cicero

Cicero, Text 1 (pro Sestio 96)

Duo genera semper in hac civitate fuerunt eorum, qui versari in re publica atque in ea se excellentius gerere studuerunt; quibus ex generibus alteri se populares, alteri optimates et haberi et esse voluerunt. Qui ea, quae faciebant quaeque dicebant, multitudini iucunda volebant esse, populares, qui autem ita se gerebant, ut sua consilia optimo cuique probarent, optimates habebantur.

Cicero, Text 2 (Philippica 4, 6, 1)

Quae exspectas, M. Antoni, iudicia graviora? Caesar fertur in caelum, qui contra te exercitum comparavit; laudantur exquisitissimis verbis legiones, quae te reliquerunt, quae a te arcessitae sunt, quae essent, si te consulem quam hostem maluisses, tuae: quarum legionum fortissimum verissimumque iudicium confirmat senatus, comprobat universus populus Romanus, nisi forte vos, Quirites, consulem, non hostem iudicatis Antonium.

Cicero, Text 3 (Cat. 4, 18)

Cicero will den Senat ermutigen, beherzt gegen Catilina vorzugehen; dabei hebt er die gemeinsamen Interessen aller Stände hervor (Z. 3–5!):

Habetis consulem[1] ex plurimis periculis et insidiis atque ex media morte non ad vitam suam sed ad salutem vestram reservatum. Omnes ordines ad conservandam rem publicam mente, voluntate, voce consentiunt. Obsessa facibus et telis impiae coniurationis vobis supplex manus tendit patria communis, vobis se, vobis vitam omnium civium, vobis arcem et Capitolium, vobis aras Penatium, vobis illum ignem Vestae[2] sempiternum, vobis omnium deorum templa atque delubra, vobis muros atque urbis tecta commendat.

1 consulem *sc. Ciceronem*
2 ignem Vestae *Symbol für das Wohl des Staates*

Cicero, Text 4 (de imp. 29)

Cicero hebt die Eigenschaften des Pompeius im Vergleich zu anderen bisherigen Feldherren hervor:

Iam vero virtuti Cn. Pompei quae potest oratio par inveniri? Quid est, quod quisquam aut illo dignum aut vobis novum aut cuiquam inauditum possit adferre? Neque enim solae sunt virtutes imperatoriae quae volgo[1] existimantur, labor in negotiis, fortitudo in periculis, industria in agendo, celeritas in conficiendo, consilium in providendo, quae tanta sunt in hoc[2] uno, quanta in omnibus reliquis imperatoribus, quos aut vidimus aut audivimus, non fuerunt.

1 volgo *allgemein*
2 hoc *sc. Pompeius*

Cicero, Text 5 (in Caec. 2 ff.)

Siculi nunc populati atque vexati cuncti ad me publice saepe venerunt, ut suarum fortunarum omnium causam defensionemque susciperem. Me saepe esse pollicitum, saepe ostendisse dicebant, si quod tempus accidisset, quo tempore aliquid a me requirerent, commodis eorum me non defuturum. Venisse tempus aiebant non iam ut commoda sua, sed ut vitam salutemque totius provinciae defenderem.

Cicero, Text 6 (Sext. Rosc. 154)

Homines sapientes et ista auctoritate et potestate praeditos, qua vos estis, ex[1] quibus rebus maxime res publica laborat, eis maxime mederi convenit. Vestrum nemo est, quin[2] intellegat populum Romanum, qui quondam in hostis lenissimus existimabatur, hoc tempore domestica crudelitate laborare. Hanc tollite ex civitate, iudices, hanc pati nolite diutius in hac re publica versari.

1   laborare ex *leiden an*
    ex quibus ... *laborat gehört zu iis mederi*
2   quin *qui non*

Cicero, Text 7 (de imp. 37, 1–3)

Militärische Heere können nur von disziplinierten Feldherren in Schranken gehalten werden.

Itaque propter hanc avaritiam imperatorum quantas calamitates, quocumque ventum sit, nostri exercitus adferant, quis ignorat? Itinera, quae per hosce annos in Italia per agros atque oppida civium Romanorum nostri imperatores fecerint, recordamini; tum facilius statuetis, quid apud exteras nationes fieri existimetis[1]. Utrum pluris arbitramini per hosce annos militum vestrorum armis hostium urbis an hibernis sociorum civitates esse deletas? Neque enim potest exercitum is continere[2] imperator, qui se ipse non continet, neque severus esse in iudicando, qui alios in se severos esse iudices non volt.

1   existimetis *wohl*
2   continere *in Schranken halten*

Cicero, Text 8 (de imp. 49)

Cicero wirbt für das Feldherrenamt des Cn. Pompeius. Dabei zählt er dessen Eigenschaften auf:

Qua re, cum et bellum sit ita necessarium, ut neglegi non possit, ita magnum, ut accuratissime sit administrandum, et cum ei[1] imperatorem praeficere possitis, in quo sit eximia belli scientia, singularis virtus, clarissima auctoritas, egregia fortuna, dubitatis, Quirites, quin hoc tantum boni, quod vobis ab dis immortalibus oblatum et datum est, in rem publicam conservandam atque amplificandam conferatis?

1 ei *sc. bello*

Cicero, Text 9 (de off. 3, 38)

Gyges hoc anulo usus reginae stuprum intulit eaque adiutrice regem dominum interemit, nec in his eum facinoribus quisquam potuit videre. Sic repente anuli beneficio rex exortus est Lydiae. – Hunc igitur ipsum anulum si habeat sapiens, nihil plus sibi licere putet peccare, quam si non haberet; honesta enim bonis viris, non occulta quaeruntur.

Cicero, Text 10 (de off. 3, 113)

Post Cannensem pugnam Hannibal ad senatum misit decem iuratos, se in castra Poenorum redituros, nisi de redimendis captivis impetrassent. De quibus Polybius novem revertisse dicit re a senatu non impetrata, unum, qui egressus e castris redisset, quasi aliquid esset oblitus, Romae remansisse. Reditu enim in castra liberatum se esse iure iurando interpretabatur.

Cicero, Text 11 (de off. 1, 57)

Sed cum omnia ratione animoque lustraris, omnium societatum nulla est gravior, nulla carior quam ea, quae cum re publica est uni cuique nostrum. Cari sunt parentes, cari liberi, propinqui, familiares, sed omnes omnium caritates patria una complexa est, pro qua[1] quis bonus dubitet mortem oppetere, si ei sit profuturus? Quo est detestabilior istorum immanitas, qui lacerarunt omni scelere patriam et in ea funditus delenda occupati et sunt et fuerunt.

1   pro qua *ist wie ein relativischer Anschluss zu übersetzen*

Cicero, Text 12 (de off. 1, 69)

Multi autem et sunt et fuerunt, qui eam, quam dico, tranquillitatem expetentes a negotiis publicis se removerint ad otiumque perfugerint, in his et nobilissimi philosophi longeque principes, nec populi nec principum mores ferre potuerunt vixeruntque non nulli in agris delectati re sua familiari. His idem propositum fuit, quod regibus, ut ne qua re egerent, ne cui parerent.

Cicero, Text 13 (de off. 1, 74)

Sed cum plerique arbitrentur res bellicas maiores esse quam urbanas, minuenda est haec opinio. Multi enim bella saepe quaesiverunt propter gloriae cupiditatem, atque id in magnis animis ingeniisque plerumque contingit, eoque magis, si sunt ad rem militarem apti et cupidi bellorum gerendorum; vere autem si volumus iudicare, multae res exstiterunt urbanae maiores clarioresque quam bellicae.

Cicero, Text 14 (de off. 1, 153)

Illa autem sapientia, quam principem[1] virtutem dixi, rerum est divinarum et humanarum scientia, in qua continetur[2] deorum et hominum communitas et societas. Itaque necesse est id officium, quod a communitate ducatur[3], maximum esse. Etenim cognitio contemplatioque naturae manca[4] atque inchoata[5] sit, si nulla actio rerum consequatur. Ea autem actio in hominum commodis tuendis[6] maxime cernitur[7].

1 princeps *hier adjektivisch gebraucht*
2 contineri *(passivisch) beruhen (auf), bestehen (in)*
3 ducere *hier: herleiten, ableiten*
4 mancus *bruchstückhaft*
5 inchoatus *unvollständig, unvollendet*
6 tuendis *Inf. tueri*
7 cernitur *(hier: mediopassiv als cerni) sich zeigen, offenbar/sichtbar werden*

Cicero, Text 15 (de off. 1, 154)

Quis enim est tam cupidus in perspicienda cognoscendaque rerum natura, ut, si ei contemplanti res cognitione dignissimas subito sit allatum periculum patriae, cui subvenire possit, non illa omnia relinquat, etiamsi dinumerare[1] se stellas posse arbitretur?
Quibus rebus intellegitur, studiis officiisque scientiae praeponenda esse officia iustitiae, quae pertinent ad hominum utilitatem, qua[2] nihil homini esse debet antiquius[3].

1 dinumerare *(durch)zählen*
2 qua *übersetzen Sie den Relativsatz wie einen relativischen Anschluss*
3 antiquius *(nur Komp. + Sup.) wichtiger*

Cicero, Text 16 (de invent. 1, 1)

Ac me quidem diu cogitantem ratio ipsa in hanc potissimum sententiam ducit, ut existimem sapientiam sine eloquentia parum prodesse civitatibus, eloquentiam vero sine sapientia nimium obesse plerumque, prodesse numquam. Quare si quis omissis rectissimis atque honestissimis studiis rationis et officii consumit omnem operam in exercitatione dicendi, is inutilis sibi, perniciosus patriae civis alitur.

Cicero, Text 17 (de invent. 1, 2)

Quo tempore quidam magnus videlicet vir et sapiens cognovit, quae materia esset et quanta ad maximas res opportunitas in animis inesset hominum, si quis eam posset elicere et praecipiendo meliorem reddere. Qui dispersos homines in agros et in tectis silvestribus abditos ratione quadam conpulit unum in locum et congregavit et eos ex feris et inmanibus mites reddidit et mansuetos.

Cicero, Text 18 (Tusc. disp. 5, 60)

Tyrannen leben gefährlich:

Atque is[1] cum pila ludere vellet - studiose enim id factitabat -tunicamque poneret, adulescentulo, quem amabat, tradidisse gladium dicitur. Hic cum quidam familiaris iocans dixisset: „huic quidem certe vitam tuam committis" adrisissetque adulescens, utrumque iussit interfici, alterum, quia viam demonstravisset interimendi sui, alterum, quia dictum id risu adprobavisset. Atque eo facto sic doluit, nihil ut tulerit gravius in vita; quem enim vehementer amarat, occiderat.

1 is *gemeint ist Dionysius, Tyrann von Syracus*

Cicero, Text 19 (ad Quint. frat. 1, 1, 29)

Atque ille quidem princeps ingeni et doctrinae, Plato, tum denique fore beatas res publicas putavit, si aut docti ac sapientes homines eas regere coepissent, aut ii, qui regerent, omne suum studium in doctrina et sapientia collocarent. Hanc coniunctionem videlicet potestatis et sapientiae saluti censuit civitatibus esse posse. Quod fortasse aliquando universae rei publicae nostrae, nunc quidem profecto isti provinciae contigit, ut is in ea summam potestatem haberet, cui in doctrina, cui in virtute atque humanitate percipienda plurimum a pueritia studi fuisset et temporis.

Cicero, Text 20 (de off. 3, 56)

Cum enim rex Pyrrhus populo Romano bellum ultro intulisset, perfuga ab eo venit in castra Fabricii eique est pollicitus, si praemium sibi proposuisset, se, ut clam venisset, sic clam in Pyrrhi castra rediturum et eum veneno necaturum. Hunc Fabricius reducendum curavit ad Pyrrhum idque eius factum laudatum a senatu est.

II Prüfungstexte Caesar

Caesar, Text 1 (B.G. IV 7, 1–3)

Die germanischen Usipeter und Tencterer haben widerrechtlich den Rhein überschritten. Caesar ist ihnen auf den Fersen:

Re frumentaria comparata equitibusque delectis iter in ea loca facere coepit, quibus in locis esse Germanos audiebat. A quibus cum paucorum dierum iter abesset, legati ab his venerunt. Quorum haec fuit oratio: Germanos neque priores populo Romano bellum inferre neque tamen recusare, si lacessantur, quin armis contendant, quod Germanorum consuetudo haec sit a maioribus tradita, quicumque bellum inferant, resistere neque deprecari.

Caesar, Text 2 (B.G. VII 14, 1–4)

Vercingetorix tot continuis incommodis Vellaunoduni, Cenabi, Novioduni[1] acceptis suos ad concilium convocat. Docet longe alia ratione esse bellum gerendum atque[2] antea gestum sit; omnibus modis huic rei studendum, ut pabulatione et commeatu Romani prohibeantur. Id esse facile, quod equitatu ipsi abundent et quod anni tempore subleventur. Pabulum secari non posse; necessario dispersos hostes ex aedificiis petere; hos omnes cotidie ab equitibus deleri posse.

1 Vellaunodunum, Cenabum, Noviodunum *Städtenamen*
2 atque *als*

Caesar, Text 3 (B.G. IV 19, 1–3)

Caesar paucos dies in eorum finibus moratus omnibus vicis aedificiisque incensis se in fines Ubiorum recepit atque his auxilium suum pollicitus, si ab Suebis premerentur, haec ab iis cognovit: Suebos posteaquam per exploratores pontem fieri comperissent, nuntios in omnes partes dimisisse[1], uti de oppidis demigrarent, liberos, uxores suaque omnia in silvis deponerent atque omnes, qui arma ferre possent, unum in locum convenirent.

1 dimisisse *erg. „mit dem Befehl"*

Caesar, Text 4 (B.G. I 46, 1–3)

Caesar und der Suebenfürst Ariovist sind zu einer Unterredung zusammengekommen, um eine militärische Auseinandersetzung zu vermeiden:

Dum haec in conloquio geruntur, Caesari nuntiatum est equites Ariovisti propius tumulum accedere et ad nostros adequitare, lapides telaque in nostros conicere. Caesar loquendi finem fecit seque ad suos recepit suisque imperavit, ne quod omnino telum in hostes reicerent. Nam etsi sine ullo periculo legionis delectae cum equitatu proelium fore videbat, tamen committendum non putabat, ut[1] dici posset eos ab se in conloquio circumventos.

1 committendum non putabat, ut *er glaubte, er dürfe es nicht so weit kommen lassen, dass*

Caesar, Text 5 (B.C. I 73, 1–3)

Postero die duces adversariorum perturbati, quod omnem rei frumentariae fluminisque Hiberi[1] spem dimiserant, de reliquis rebus consultabant. Erat unum iter, Ilerdam[2] si reverti vellent, alterum, si Tarraconem[3] peterent. Haec consiliantibus eis nuntiantur aquatores ab equitatu premi nostro. Qua re cognita crebras stationes disponunt equitum vallumque ex castris ad aquam ducere incipiunt, ut intra munitionem et sine timore et sine stationibus aquari possent.

1 Hiberus, i m. *der Ebro*
2 Ilerda, ae f. *Stadt in Spanien*
3 Tarraco, onis f. *ebenso*

III Prüfungstexte Sallust

Sallust, Text 1 (Iug. 61, 1–2)

Metellus postquam videt frustra inceptum neque oppidum capi neque Iugurtham nisi ex insidiis aut suo loco pugnam facere et iam aestatem exactam esse, ab Zama discedit et in iis urbibus, quae ad se defecerant satisque munitae loco aut moenibus erant, praesidia inponit. Ceterum exercitum in provinciam, quae proxuma est Numidiae, hiemandi gratia conlocat.

Sallust, Text 2 (Cat. 22, 1–2)

Fuere ea tempestate, qui dicerent Catilinam oratione habita, quom ad ius iurandum populares sceleris sui adigeret, humani corporis sanguinem vino permixtum in pateris circumtulisse: inde quom post execrationem omnes degustavissent, sicuti in sollemnibus sacris fieri consuevit, aperuisse consilium suom, atque eo[1] dicationem[2] fecisse, quo inter se fidi magis forent tanti facinoris conscii.

1 eo ... quo *mit Komparativ mit der Absicht, dass desto*
2 dicatio *Aufnahme (in den Kreis der Verschwörer)*

Sallust, Text 3 (Ep. 2, 1)

Scio ego, quam difficile atque asperum factu sit consilium dare regi aut imperatori, postremo quoiquam mortali, quoius opes in excelso sunt, quippe cum et illis consultorum copiae adsint neque de futuro quisquam satis callidus satisque prudens sit. Quin etiam saepe prava magis quam bona consilia prospere eveniunt, quia plerasque res fortuna ex libidine sua agitat.

Sallust, Text 4 (Cat. 51, 1–4)

Omnis homines, patres conscripti, qui de rebus dubiis consultant, ab odio, amicitia, ira atque misericordia vacuos esse decet. Haud facile animus verum providet, ubi illa officiunt, neque quisquam omnium lubidini simul et usui paruit. Ubi intenderis ingenium, valet; si lubido possidet, ea dominatur, animus nihil valet. Magna mihi copia est memorandi, patres conscripti, quae reges atque populi ira aut misericordia inpulsi male consuluerint.

Sallust, Text 5 (inv. in Cic. 7)

Sed quid ego plura de tua insolentia commemorem? Quem Minerva omnis artis edocuit, Iuppiter Optimus Maximus in concilio deorum admisit, Italia exulem umeris suis reportavit. Oro te, Romule Arpinas, qui egregia tua virtute omnis Paulos, Fabios, Scipiones superasti, quem tandem locum in hac civitate obtines? Quae tibi partes rei publicae placent? Quem amicum, quem inimicum habes?

IV Prüfungstexte Livius

Livius, Text 1 (5, 18, 7–9)

Titinius Genuciusque tribuni militum profecti adversus Faliscos Capenatesque, dum bellum maiore animo gerunt quam consilio, praecipitavere se in insidias. Genucius morte honesta temeritatem luens ante signa inter primores cecidit; Titinius in editum tumulum ex multa trepidatione militibus collectis aciem restituit; nec se tamen aequo loco hosti commisit. Plus ignominiae erat quam cladis acceptum, quae prope in cladem ingentem vertit.

Livius, Text 2 (22, 13, 9–11)

Maharbalem[1] cum equitibus in agrum Falernum praedatum dimisit. Usque ad aquas Sinuessanas[2] populatio ea pervenit. Ingentem cladem, fugam terroremque latius Numidae fecerunt. Nec tamen is terror, cum omnia bello flagrarent, fide socios dimovit, videlicet quia iusto et moderato regebantur imperio nec abnuebant, quod unum vinculum fidei est, melioribus parere.

1 Maharbal *Reiterführer Hannibals*
2 aquae Sinuessanae *die Bäder von Sinuessa*

Livius, Text 3 (31, 20, 2)

Per idem tempus L. Cornelius Lentulus pro consule ex Hispania rediit. Qui cum in senatu res ab se per multos annos fortiter feliciterque gestas exposuisset postulassetque, ut triumphanti sibi invehi liceret in urbem, res triumpho dignas esse censebat senatus, sed exemplum a maioribus non accepisse, ut, qui neque dictator neque consul neque praetor res gessisset, triumpharet: pro consule illum Hispaniam provinciam, non consulem aut praetorem obtinuisse.

Livius, Text 4 (21, 9, 3–4)

Hannibal hat gerade Sagunt angegriffen. Empört schicken die Römer eine Gesandtschaft zu ihm:

Interim ab Roma legatos venisse nuntiatum est; quibus obviam ad mare missi[1] ab Hannibale, qui dicerent nec tuto eos adituros inter tot tam effrenatarum[2] gentium arma, nec Hannibali in tanto discrimine rerum operae[3] esse legationes audire. Apparebat[4] non admissos protinus Carthaginem ituros. Litteras igitur nuntiosque ad principes factionis Barcinae[5] praemittit, ut praepararent suorum animos, ne quid pars altera gratificari populo Romano posset.

1 missi *erg. „sunt"*
2 effrenatus, a, um *unbändig, gefährlich*
3 mihi est operae *„ich habe Zeit"*
4 apparebat *„es war offensichtlich"*
5 factio Barcina *die Partei, die auf Hannibals Seite steht*

Livius, Text 5 (21, 10, 4–5)

Hannibal belagert Sagunt. Hanno, sein Gegenspieler in Karthago, hält eine Rede vor dem Senat und wirft diesem vor, einen Fehler gemacht zu haben, als er Hannibal nach Spanien geschickt habe. Außerdem warnt er vor den Folgen:

Iuvenem flagrantem cupidine regni viamque unam ad id cernentem, si ex bellis bella serendo[1] succinctus armis legionibusque vivat, velut materiam igni praebentes, ad exercitus misistis. Aluistis ergo hoc incendium, quo nunc ardetis. Saguntum vestri circumsedent exercitus, unde arcentur foedere; mox Carthaginem circumsedebunt Romanae legiones ducibus iisdem dis, per quos priore bello[2] rupta foedera sunt ulti[3].

1 serere aliquid ex aliqua re *etw. an etw. reihen*
2 priore bello *gemeint ist der 1. Punische Krieg*
3 sunt ulti *Subjekt sind die „Romani"*

V   Prüfungstexte Seneca

Seneca, Text 1 (ep. 50, 3–4)

Harpaste, eine schwachsinnige Sklavin, kann plötzlich nicht mehr sehen. Aber sie weiß nicht, dass sie blind ist. Immer wieder sagt sie, das Haus sei finster, sie wolle umziehen ...

Hoc, quod in illa ridemus, omnibus nobis accidere liqueat[1] tibi: nemo se avarum esse intellegit, nemo cupidum.
Caeci[2] tamen[3] ducem quaerunt, nos sine duce erramus et dicimus, ‚non ego ambitiosus sum, sed nemo aliter Romae potest vivere.'
Quid nos decipimus? Non est extrinsecus[4] malum nostrum: intra nos est, in visceribus[5] ipsis sedet.

1   liqueat   *es sollte klar sein*
2   caecus   *blind*
3   tamen   *immerhin noch*
4   extrinsecus (Adv.)   *außerhalb (von uns)*
5   viscera, um n.   *(Eingeweide), das Innerste*

Seneca, Text 2 (ep. 48, 2–3)

Nec potest quisquam beate vivere, qui se tantum intuetur, qui omnia ad utilitates suas convertit: alteri vivas oportet, si vis tibi vivere. Haec societas diligenter et sancte observata, quae nos homines hominibus miscet[1] et iudicat[2] aliquod esse commune ius generis humani, plurimum ad illam quoque, de qua loquebar, interiorem societatem amicitiae colendam proficit[3].

1   miscere + Dat.   *verbinden mit*
2   iudicare   *hier: Bewusstsein vermitteln*
3   proficere ad   *hier: beitragen zu*

Seneca, Text 3 (ep. 1, 1)

Ita fac, mi Lucili: vindica te tibi, et tempus, quod adhuc aut auferebatur aut subripiebatur aut excidebat, collige et serva. Persuade tibi hoc sic esse, ut scribo: quaedam tempora eripiuntur nobis, quaedam subducuntur, quaedam effluunt. Turpissima tamen est iactura, quae per neglegentiam fit. Et si volueris attendere, magna pars vitae elabitur male agentibus, maxima nihil agentibus, tota vita aliud[1] agentibus.

1   aliud *Nebensächliches*

Seneca, Text 4 (ep. 1, 2)

Quem mihi dabis, qui aliquod pretium tempori ponat, qui diem aestimet, qui intellegat se cotidie mori? In hoc enim fallimur, quod mortem prospicimus[1]: magna pars eius iam praeteriit; quidquid aetatis retro est, mors tenet. Fac ergo, mi Lucili, quod facere te scribis, omnes horas complectere; sic fiet, ut minus ex crastino die pendeas, si hodierno manum inieceris. Dum differtur vita, transcurrit.

1   prospicere *(vor sich) in der Ferne wähnen*

Seneca, Text 5 (ep. 41, 1–2)

Facis rem optimam et tibi salutarem si, ut scribis, perseveras ire ad bonam mentem, quam stultum est optare, cum possis a te impetrare. Non sunt ad caelum elevandae manus nec exorandus aedituus[1], ut nos ad aurem simulacri, quasi magis exaudiri possimus, admittat: prope est a te deus, tecum est, intus est. Ita dico, Lucili: sacer intra nos spiritus sedet, malorum bonorumque nostrorum observator et custos.

aedituus, i m. *Tempelwächter*

B Lösungsteil

I Sprachliche Erläuterungen

1. ZU DEN CICERO-TEXTEN

Cicero, Text 1 (pro Sestio 96)

qui ... studuerunt	Relativsätze VIDEO S. 58 f.
	Attributsatz § 160[1]
quibus	relativischer Anschluss VIDEO S. 61.
	§ 138
popularis	= populares
se popularis et haberi et esse	AcI §§ 116–119 kann bei velle, nolle, malle
se optimates et haberi et esse	auch bei gleichem Subjekt stehen,
	wenn der Infinitiv im Passiv steht
popularis ... haberi	Prädikatsnomina VIDEO S. 5.
optimates ... haberi	§ 81 bei haberi § 68
qui	relativischer Anschluss VIDEO S. 61.
	§ 138
quae faciebant quaeque dicebant	Relativsätze VIDEO S. 58 f.
	Attributsätze § 160
ea ... iucunda esse	AcI VIDEO S. 27 ff.
	§§ 116–119 abhängig von volebant
qui ... gerebant	Relativsätze VIDEO S. 58 f.
	Attributsatz § 160
ita ... , ut probarent	Konsekutivsatz VIDEO S. 55.
	§ 149
probare alicui	jmdm. gefallen
populares habebantur	Prädikatsnomina VIDEO S. 5.
optimates habebantur	§ 81 bei haberi

---

[1] Die Paragraphen beziehen sich auf die Kurzgefaßte lateinische Sprachlehre von Eduard Bornemann, Cornelsen [19]1995 (s. Vorwort S. 3)

Cicero, Text 2 (Philippica 4, 6, 1)

Antoni	Vokativ VIDEO S. 18. § 8
qui … comparavit	Relativsatz VIDEO S. 58 f. Attributsatz § 160
quae … reliquerunt quae … arcessitae sunt	Relativsatz VIDEO S. 58 f. Attributsatz § 160
quae essent … tuae, si … maluisses	irreales Konditionalgefüge VIDEO S. 54. § 157
si te consulem … (esse) maluisses	bei velle, nolle, malle kann bei gleichem Subjekt auch ein AcI stehen, wenn der Infinitiv (esse) durch ein Prädikatsnomen (consulem, hostem) erweitert ist
quarum	relativischer Anschluss VIDEO S. 61. § 138
nisi … iudicatis	Konditionalsatz (Realis) VIDEO S. 53. indefiniter Konditionalsatz § 157
Antonium non consulem, sed hostem (esse)	AcI VIDEO S. 27 ff. §§ 116–119, abhängig von iudicatis

Cicero, Text 3 (Cat. 4, 18)

consulem … reservatum	participium coniunctum VIDEO S. 31 ff. § 127
ad conservandam rem publicam	Gerundivum VIDEO S. 38 ff. § 123
obsessa … patria	participium coniunctum VIDEO S. 31 ff. § 127

Cicero, Text 4 (de imp. 29)

Ordnen Sie den ersten Satz:	quae oratio par virtuti Cn. Pompei inveniri potest?
quod … possit	Relativsatz mit konsekutivem Nebensinn, VIDEO S. 59. Konsekutiver Attributsatz § 162.2
illo	ablativus instrumentalis bei dignus § 105
quae … existimantur	Relativsatz VIDEO S. 58 f. Attributsatz § 160
in agendo in conficiendo in providendo	Gerundia VIDEO S. 37 f. § 122
quae … sunt	Relativsatz VIDEO S. 58 f. Attributsatz § 160
quanta … non fuerunt	Komparativsatz VIDEO S. 56 f. § 158 „quanta" korrespondiert mit „tanta"
quos aut vidimus aut audivimus	Relativsatz VIDEO S. 58 f. Attributsatz § 160

Cicero, Text 5 (in Caec. 2 f.)

Siculi … populati atque vexati	participia coniuncta VIDEO S. 31 ff. § 127
ut … susciperem	abhängiger Wunschsatz VIDEO S. 55. abhängiger Begehrsatz § 145
me … esse pollicitum, … ostendisse	AcI VIDEO S. 27 ff. §§ 116–119, abhängig von dicebant
si … accidisset	Konditionalsatz; ersetzter Konjunktiv Fut. II § 141.3 § 157

si quod	si (aliquod) § 23.1
accidisset	ersetzter Konjunktiv Fut.II § 141.3
quo tempore … requirerent	Relativsatz/Attributsatz mit hineingezogenem Beziehungswort VIDEO S. 60. § 160, Konjunktiv ist bedingt durch die indirekte Rede VIDEO S. 65 f. §§ 163–165
me … defuturum	AcI VIDEO S. 27 ff. §§ 116–119, abhängig von pollicitum esse und ostendisse
venisse tempus	AcI VIDEO S. 27 ff. §§ 116–119, abhängig von aiebant
ut … defenderem	abhängiger Wunschsatz VIDEO S. 55. abhängiger Begehrsatz § 145

Cicero, Text 6 (Sext. Rosc. 154)

homines … mederi	AcI VIDEO S. 27 ff. §§ 116-119, abhängig von convenit
qua … (praediti) estis	Relativsatz VIDEO S. 58 f. Attributsatz § 160
ex quibus … laborat	Relativsatz VIDEO S. 58 f. Attributsatz § 160
eis	mederi mit Dativobjekt § 85
quin intellegat	Relativsatz mit konsekutivem Nebensinn, VIDEO S. 59. Konsekutiver Attributsatz § 162.2
populum Romanum … laborare	AcI VIDEO S. 27 ff. §§ 116-119, abhängig von intellegat
qui … existimabatur	Relativsatz VIDEO S. 58 f. Attributsatz § 160

lenissimus	Prädikatsnomen bei existimari VIDEO S. 5. § 68
pati nolite	Prohibitiv VIDEO S. 15. § 133.2
hanc ... versari	AcI VIDEO S. 27 ff. §§ 116–119, abhängig von pati

Cicero, Text 7 (de imp. 37–38)

quantas calamitates ... adferant	indirekter/abhängiger Fragesatz VIDEO S. 57 f. § 143
quocumque ventum sit	indirekter/abhängiger Fragesatz VIDEO S. 57 f. § 143
quae ... fecerint	indirekter/abhängiger Fragesatz VIDEO S. 57 f. § 143
quid ... existimetis	indirekter/abhängiger Fragesatz VIDEO S. 57 f. § 143
arbitramini ... utrum ... an	indirekter/abhängiger Fragesatz VIDEO S. 57 f. § 143
utrum pluris (plures) urbis (urbes) an civitates esse deletas	AcI VIDEO S. 27 ff. §§ 116–119, abhängig von arbitramini
qui ... non continet	Relativsatz VIDEO S. 58 f. Attributsatz § 160
in iudicando	Gerundium VIDEO S. 37. § 122
qui ... non volt	Relativsatz VIDEO S. 58 f. Attributsatz § 160 volt = vult

alios … esse iudices	AcI VIDEO S. 27 ff. §§ 116–119, abhängig von volt

Cicero, Text 8 (de imp. 49)

cum … sit	cum concessivum VIDEO S.46, 63. Konzessivsatz § 156
ut … possit ut … sit	Konsekutivsätze VIDEO S.55, 62. § 149
administrandum	Gerundivum VIDEO S. 38 ff. § 123, Bezugswort ist „bellum" aus dem „cum"-Satz
cum … possitis	cum concessivum VIDEO S.46, 63. Konzessivsatz § 156
in quo sit	Relativsatz mit konsekutivem Nebensinn VIDEO S. 59. Konsekutiver Attributsatz § 162.2
quin … conferatis	indirekter/abhängiger Fragesatz VIDEO S. 57. § 144
boni	genitivus partitivus VIDEO S. 20. genitivus materiae § 99
quod … oblatum et datum est	Relativsatz VIDEO S. 58 f. Attributsatz § 160
in rem publicam conservandam atque amplificandam	Gerundiva VIDEO S. 38 ff. § 123

Cicero, Text 9 (de off. 3, 38)

hoc anulo	Objekt im Ablativ VIDEO S. 24. § 106 bei „uti"
Gyges … usus	participium coniunctum VIDEO S. 31 ff. § 127

ea adiutrice	nominaler ablativus absolutus VIDEO S. 36. § 128.b
si habeat	potentialer Konditionalsatz VIDEO S. 13. § 157
putet	potentialer Konjunktiv VIDEO S. 13. § 132
licere peccare	AcI VIDEO S. 27 ff. §§ 116–119, wobei peccare den Subjekts-akkusativ bildet
quam si non haberet	Komparativsatz VIDEO S. 57, 62. § 158

Cicero, Text 10 (de off. 3, 113)

decem iuratos	„zehn Männer, die den Schwur geleistet hatten"
se ... redituros (esse)	AcI VIDEO S. 27 ff. §§ 116–119, abhängig von iuratos
nisi ... impetra(vi)ssent	Konditionalsatz VIDEO S. 15. § 157
impetra(vi)ssent	ersetzter Konjunktiv Futur II § 141
de quibus	relativischer Anschluss VIDEO S. 61. § 138
novem revertisse unum remansisse	AcI VIDEO S. 27 ff. §§ 116–119, abhängig von dicit
re impetrata	ablativus absolutus VIDEO S. 34 ff. § 128
qui ... redisset	Relativsatz VIDEO S. 58 f. Attributsatz § 160 in der indirekten Rede VIDEO S. 65 f. §§ 163–165
qui egressus	participium coniunctum VIDEO S. 31 ff. § 127

quasi … esset oblitus	Komparativsatz VIDEO S. 57, 62. § 158
liberatum se esse	AcI VIDEO S. 27 ff. §§ 116–119, abhängig von interpretabatur
iure iurando	ablativus separativus VIDEO S. 25. § 102 bei „liberare"

Cicero, Text 11 (de off. 1, 57)

cum … lustraris	cum temporale VIDEO S. 45, 63. Temporalsatz § 151 die 2. Person Passiv ist mit „man" wiederzugeben
quae … est	Relativsatz VIDEO S. 58 f. Attributsatz § 160; Bezugswort ist „societas"
dubitet	Potentialis der Gegenwart VIDEO S. 13. Potentialer Konjunktiv § 132
si sit profuturus	Konditionalsatz (Potentialis) VIDEO S. 54. § 157
quo mit Komparativ	„umso"
qui lacera(ve)runt et … occupati et sunt et fuerunt	Relativsatz VIDEO S. 58 f. Attributsatz § 160
in ea delenda	Gerundivum VIDEO S. 38 ff. § 123

Cicero, Text 12 (de off. 1, 69)

qui … removerint -que perfugerint	Relativsatz mit konsekutivem Nebensinn VIDEO S. 59. Konsekutiver Attributsatz § 162.2
qui … expetentes	participium coniunctum VIDEO S. 31 ff. § 127

principes	hier adjektivisch gebraucht
non nulli … delectati	participium coniunctum VIDEO S. 31 ff. § 127; gleichzeitig zu übersetzen
quod regibus (propositum est)	Relativsatz VIDEO S. 58 f. Attributsatz § 160
ut ne … egerent, ne … parerent	„ut explicativum" § 145 A
ne qua, ne cui	ne (ali)qua, ne (ali)cui § 23.1
(ali)qua re	ablativus separativus VIDEO S. 25. § 102 bei „egere"

Cicero, Text 13 (de off. 1, 74)

cum … arbitrentur	cum concessivum VIDEO S. 46, 63. Konzessivsatz § 156
res bellicas maiores esse quam urbanas	AcI VIDEO S. 27 ff. §§ 116–119, abhängig von „arbitrentur"
minuenda est … opinio	Gerundivum VIDEO S. 38 ff. § 123
gloriae	genitivus obiectivus VIDEO S. 19 f. § 96
si sunt	Konditionalsatz (Realis) VIDEO S. 53. indefiniter Konditionalsatz § 157
gerendorum	Gerundivum VIDEO S. 38 ff. § 123
bellorum gerendorum	genitivus obiectivus VIDEO S. 19 f. § 123
si … volumus	Konditionalsatz (Realis) VIDEO S. 53. Indefiniter Konditionalsatz § 157

Cicero, Text 14 (de off. 1, 153)

quam ... dixi	Relativsatz VIDEO S. 58 f.
	Attributsatz § 160
in qua continetur	Relativsatz VIDEO S. 58 f.
	Attributsatz § 160
id officium ... maximum esse	AcI VIDEO S. 27 ff.
	§§ 116–119, abhängig von „necesse est"
quod ... ducatur	kausaler Attributsatz/Kausalsatz VIDEO S. 52.
	§ 162.3
sit, si ... consequatur	potentiales Konditionalgefüge VIDEO S. 54.
	§ 157
in ... commodis tuendis	Gerundivum VIDEO S. 38 ff.
	§ 123

Cicero, Text 15 (de off. 1, 154)

in perspicienda cognoscendaque ... natura	Gerundiva VIDEO S. 38 ff.
	§ 123
ut ... relinquat	Konsekutivsatz VIDEO S. 55, 62.
	§ 149
si ... sit allatum	Konditionalsatz (Potentialis) VIDEO S. 54.
	§ 157
ei contemplanti	participium coniunctum VIDEO S. 31 ff.
	§ 127
cognitione	ablativus instrumentalis § 105 bei „dignus"
cui ... possit	Modusangleichung § 162
etiamsi ... arbitretur	Konzessivsatz VIDEO S. 48, 63.
	§ 156

se ... posse	AcI VIDEO S. 27 ff. §§ 116–119, abhängig von „arbitretur"
quibus	relativischer Anschluss VIDEO S. 61. § 138
praeponenda esse officia	Gerundivum VIDEO S. 38 ff. § 123 AcI VIDEO S. 27 ff. §§116–119, abhängig von „intellegitur"
quae pertinent	Relativsatz VIDEO S. 58 f. Attributsatz § 160
qua	ablativus comparationis VIDEO S. 25. § 103

Cicero, Text 16 (de invent. 1, 1)

cogitantem	participium coniunctum VIDEO S. 31 ff. § 127
ut existimem	„ut explicativum" § 145 Anm.
sapientiam ... prodesse	AcI VIDEO S. 27 ff. §§ 116–119, abhängig von „existimem"
eloquentiam ... obesse plerumque, prodesse numquam	AcI VIDEO S. 27 ff. §§ 116–119, abhängig von „existimem"
si ... consumit	Konditionalsatz (Realis) VIDEO S. 53. indefiniter Kontitionalsatz § 157
si quis	si (ali)quis § 22.1
omissis ... studiis	ablativus absolutus VIDEO S. 34 ff. § 128
dicendi	Gerundium VIDEO S. 37 f. § 122
sibi patriae	Dativi commodi VIDEO S. 22. § 86

Cicero, Text 17 (de invent. 1, 2)

quo	relativischer Anschluss VIDEO S. 61. § 138
quae … esset et quanta … inesset	indirekte/abhängige Fragesätze VIDEO S. 57 f., 64. § 143
si … posset	indefiniter Konditionalsatz. Der Konjunktiv ist bedingt durch innerliche Abhängigkeit VIDEO S. 51, Anm. 2, 89 f. § 139
eam	gemeint ist „opportunitas"
si quis	si (ali)quis § 22.1
qui	relativischer Anschluss VIDEO S. 61. § 138, bezogen auf „magnus vir et sapiens"

Cicero, Text 18 (Tusc. disp. 5, 60)

is … tradidisse … dicitur	NcI VIDEO S. 30 f. § 120
hic	= „hierauf"
cum vellet … -que poneret	cum historicum VIDEO S. 46. Temporalsatz § 151
quem amabat	Relativsatz VIDEO S. 58 f. Attributsatz § 160
cum … dixisset adrisissetque utrumque … interfici	Temporalsatz § 151 mit Subjektswechsel AcI VIDEO S. 27 ff. §§ 116–119, abhängig von „iussit"
quia … demonstravisset quia … adprobavisset	Kausalsätze VIDEO S. 51. § 155, der Konjunktiv deshalb, weil die subjektive Meinung des Subjektes ausgedrückt werden soll (innerliche Abhängigkeit) VIDEO S. 51, Anm. 2, 89 f. § 139

interimendi sui	Gerundivum VIDEO S. 38 ff. § 123
ut tulerit	Konsekutivsatz VIDEO S. 55, 62. § 149
(eum), quem … ama(ve)rat	Relativsatz VIDEO S. 58 f. Attributsatz § 160

Cicero, Text 19 (ad Quint. frat. 1, 1, 29)

res publicas fore (futuras esse)	AcI VIDEO S. 27 ff. §§ 116–119, abhängig von „putavit"
si coepissent	Konditionalsatz VIDEO S. 53 f. § 157
coepissent	ersetzter Konjunktiv Fut.II § 141.3
qui regerent	Relativsatz VIDEO S. 58 f. Attributsatz § 160; Konjunktiv bedingt durch die indirekte Rede VIDEO S. 65 f. §§ 163–165
coniunctionem … esse posse	AcI VIDEO S. 27 ff. §§ 116–119, abhängig von „censuit"
saluti	dativus finalis VIDEO S. 22. § 87
civitati	dativus commodi VIDEO S. 22. § 86
quod	relativischer Anschluss VIDEO S. 61. § 138
ut … haberet	Konsekutivsatz VIDEO S. 55, 62. § 150
cui … fuisset	Relativsatz mit konsekutivem Nebensinn VIDEO S. 59. Konsekutiver Attributsatz § 162.2

in virtute atque humanitate percipienda	Gerundivum VIDEO S. 38 ff. § 123
plurimum studi … et temporis	genitivi partitivi VIDEO S. 20. genitivi materiae § 99

Cicero, Text 20 (de off. 3, 56)

cum … intulisset	cum historicum VIDEO S. 46. Temporalsatz § 151
si … proposuisset	Konditionalsatz § 157; Konjunktiv bedingt durch die indirekte Rede VIDEO S. 65 f. §§ 163–165
proposuisset	ersetzter Konjunktiv Fut.II § 141.3
se … rediturum et necaturum (esse)	AcI VIDEO S. 27 ff. §§ 116–119, abhängig von „est pollicitus"
ut … venisset	Komparativsatz VIDEO S. 54, 62. § 158; Konjunktiv bedingt durch indirekte Rede VIDEO S. 65 f. §§ 163–165
hunc … reducendum	Gerundivum VIDEO S. 38 ff. § 123

2. ZU DEN CAESAR-TEXTEN

Caesar, Text 1 (B.G. IV, 7, 1–3)

re frumentaria comparata equitibusque delectis	ablativi absoluti VIDEO S. 34 ff. § 128[1]
quibus in locis esse Germanos audiebat	AcI VIDEO S. 27 ff. (§§116–119) im Relativsatz VIDEO S. 58 f. Attributsatz §160, das Bezugswort „loca" wird wieder aufgenommen
a quibus	relativischer Anschluss VIDEO S. 61. § 138
cum ... abesset	cum historicum VIDEO S. 46. Temporalsatz § 151
paucorum dierum	genitivus qualitatis VIDEO S. 19. § 93
quorum	relativischer Anschluss VIDEO S. 61. § 138
fuit oratio:	es folgt indirekte Rede VIDEO S. 65 f. §§ 163–165; dadurch sind auch die Konjunktive in den Nebensätzen bedingt
si lacessantur	Konjunktiv durch indirekte Rede VIDEO S. 65. § 163–165 bedingt.
quin contendant	verneinter Finalsatz VIDEO S. 51. § 148.4.
quod ... sit	Kausalsatz VIDEO S. 52. § 155
consuetudo	Prädikatsnomen VIDEO S. 5. § 71
quicumque ... inferant	Relativsätze im Konjunktiv VIDEO S. 59. verallgemeinernder Relativsatz § 161; dt. Wiedergabe: Singular

[1] Der Kurzgefaßten lateinischen Sprachlehre (s. Vorwort S. 3).

Caesar, Text 2 (B.G. VII, 14, 1–4)

incommodis ... acceptis	ablativus absolutus VIDEO S. 34 ff. § 128
Vellaunoduni Cenabi Novioduni	Lokative § 111
docet ...	der Rest des Textes steht in indirekter Rede VIDEO S. 65 f. §§ 163–165
longe	§ 15.2 „longe" verstärkt nicht nur den Superlativ, sondern auch „alius"
esse bellum gerendum	AcI VIDEO S. 27 ff. §§ 116–119, abhängig von „docet"
esse gerendum	Gerundivum VIDEO S. 38 ff. § 123
atque	„als" VIDEO S. 57, 62. § 158
huic rei studendum (esse)	„studere" mit Dativ § 85 Gerundivum VIDEO S. 38 ff. § 123
ut ... prohibeantur	finales ut VIDEO S.55, 62. Abhängiger Begehrsatz § 145
pabulatione et commeatu	ablativi separativi VIDEO S. 25. § 102
quod ... abundent et quod ... subleventur	Kausalsätze VIDEO S. 52. § 155
dispersos	Prädikativum VIDEO S. 7 f. § 77
petere	erg. „pabulum" als Objekt

Caesar, Text 3 (B.G. IV, 19, 1–3)

paucos dies	Akkusativ der Ausdehnung VIDEO S. 23. § 83 Anm.2
moratus	participium coniunctum VIDEO S. 31 ff. § 127
vicis aedificiisque incensis	ablativus absolutus VIDEO S. 34 ff. § 128
Caesar … pollicitus	participium coniunctum VIDEO S. 31 ff. § 127
si … premerentur	Konditionalsatz VIDEO S. 54. § 157; Konjunktiv ist bedingt durch die indirekte Rede VIDEO S. 65 f. § 163–165, abhängig von „pollicitus"
Suebos … convenirent	indirekte Rede VIDEO S. 65 f. §§ 163–165
posteaquam … comperissent	Temporalsatz VIDEO S. 49 f. § 152
pontem fieri	AcI VIDEO S. 27 ff. §§ 116–119, abhängig von „comperissent"
ut … demigrarent, deponerent atque convenirent	finales ut VIDEO S. 55. Abhängiger Begehrsatz § 145
qui … possent	Relativsatz mit konsekutivem Nebensinn VIDEO S. 59. Konsekutiver Attributsatz § 162.2 (der Konjunktiv ist also nicht nur durch die indirekte Rede bedingt)

Caesar, Text 4 (B.G. I, 46, 1–3)

dum ... geruntur	Temporalsatz VIDEO S. 47. § 154
equites ... accedere et adequitare – que conicere	AcI VIDEO S. 27 ff. §§ 116–119, abhängig von „nuntiatum – est"
loquendi	Gerundium VIDEO S. 37 f. § 122
ne ... reicerent	abhängiger Wunsch-/Begehrsatz VIDEO S. 49 § 145
ne quod	ne (ali)quod § 23.1.1
etsi ... videbat	Konditionalsatz (Realis) VIDEO S. 53. § 157
legionis delectae	genitivus obiectivus VIDEO S. 19 f. § 96
proelium ... fore (futurum esse)	AcI VIDEO S. 27 ff. §§ 116–119, abhängig von „videbat"
committendum	Gerundivum VIDEO S. 38 ff. § 123
ut ... posset	abhängiger Wunsch-/Begehrsatz VIDEO S. 55. § 145
eos ... circumventos (esse)	AcI VIDEO S. 27 ff. §§ 116–119, abhängig von „dici"

Caesar, Text 5 (B.C. I, 73, 1–3)

duces ... perturbati	participium coniunctum VIDEO S. 31 ff. § 127
quod ... dimiserant	Kausalsatz VIDEO S. 52. § 155
rei frumentariae fluminis Hiberi	genitivi obiectivi VIDEO S. 19 f. § 96
spem fluminis Hiberi si ... vellent si peterent	erg. „Hoffnung auf Überquerung des ..." Konditionalsätze VIDEO S. 53 f. § 157; der Konjunktiv ist dadurch bedingt, dass es sich um eine Wiedergabe der Überlegungen der „duces" handelt
Ilerdam	Richtungsakkusativ VIDEO S. 23. § 83
Tarraconem	Objekt zu „peterent"
consiliantibus eis	participium coniunctum VIDEO S. 31 ff. § 127
nuntiantur aequatores ... premi	NcI VIDEO S. 30 f. § 120
qua	relativischer Anschluss VIDEO S. 61. § 138
qua re cognita	ablativus absolutus VIDEO S. 34 ff. § 128
ut ... possent	finales ut VIDEO S. 55. Finalsatz § 148

3. ZU DEN SALLUST-TEXTEN

Besonderheiten der Sprache Sallusts

1. Lautlehre

u statt **i**:	maxumus = maximus
	existumare = existimare
	lubido = libido
o statt **e**:	transvorsus = transversus
	revorti = reverti
	vostra = vestra
u statt **e** (bei -nd-Formen):	emundi = emendi
	largiundo = largiendo
	cupiunda = cupienda

2. Formenlehre

Nom. Sg. der Adjektive der o-Dekl. kann auf **-os** enden : strenuos = strenuus
Gen. Sg. der o-Dekl. endet auf **-i** statt -ii : imperi = imperii
Dat. Sg. der u-Dekl. endet auf **-u** statt -ui : luxu = luxui
Akk. Sg. der o-Dekl. kann auf **-om** statt -um lauten : biduom = biduum
Akk. Pl. der gemischten Gruppe der 3. Dekl. endet auf **-is** statt -es : omnis = omnes; artis = artes; florentis = florentes
Abl. Sg. der Partizipien Präsens endet auf -i statt -e, wenn sie **attributiv** verwendet werden : volenti animo – bereitwillig.
Die 3. Pers. Pl. Ind. Perf. Akt. endet meist auf **-ere** statt -erunt: fuere = fuerunt

Besonderheiten der Konjunktionen und Pronomina:
Das Relativpronomen kann im Gen. und Dat. Sg. **quoius** = cuius und **quoi** = cui lauten.
Ähnliches gilt für die Konjunktion **quom** = cum.
Der Dat. und Abl. Pl. des Relativpronomens kann **quis** statt quibus lauten.
Possessiv- und Personalpronomina werden häufig durch angehängtes **-met** verstärkt: memet; semet; suamet usw.

3. Syntax

- Wie im Griech. kann der Genitiv eines Substantivs mit dem substantivierten Neutrum eines Adjektivs verbunden sein: **extremum diei** – das Ende des Tages.
- Öfter als bei Caesar begegnet der nominale Abl. abs.: exacta sua aetate et **parvis liberis** – da sein Leben zuende ging und seine Kinder noch klein waren.
- Das Gerundium im Ablativ kann ein prädikatives PPA (als PC) zum Ausdruck eines instr./modalen Verhältnisses ersetzen: sperat vel **ostentando** virtutem (= ostentantem virtutem) vel hostium saevitia eum occasurum – er hoffte, dass er entweder, wenn er Tapferkeit zeige/durch das Zeigen von Tapferkeit, oder durch die Wildheit der Feinde ums Leben kommen werde.
- Sallust bevorzugt die syntaktische Variation statt des Parallelismus (vgl. auch voriges Beispiel) : **alii – pars; partim – alii** o.ä.
- Nach Verben des Aufforderns kann statt eines abh. Begehrsatzes ein Infinitiv stehen: plura de Iugurtha scribere dehortatur me fortuna mea – mehr über Iugurtha zu schreiben, (davon) rät mir mein Schicksal ab.
- Häufiger als andere verwendet Sallust den historischen Infinitiv in gedrängten Schilderungen, auch in Nebensätzen.

Sallust, Text 1 (Iug. 61, 1–2)

postquam ... videt	Temporalsatz VIDEO S. 49 f. § 152[1], das hist. Präsens ist im Deutschen mit Plusquamperfekt wiederzugeben
inceptum ... (esse) neque oppidum ... capi (posse) neque Iugurtham ... facere et aestatem ... exactam esse	AcI VIDEO S. 27 ff. §§ 116–119
quae ... defecerant -que munitae erant	Relativsatz VIDEO S. 58 f. Attributsatz § 160
ad se	falscher Gebrauch des Reflexivpronomens (§ 139); hier müsste „ad eum" stehen
quae ... est	Relativsatz VIDEO S. 58 f. Attributsatz § 160

---

[1] Der Kurzgefaßten lateinischen Sprachlehre (s. Vorwort S. 3).

hiemandi	Gerundium VIDEO S. 37 f. § 122, abhängig von „gratia"

Sallust, Text 2 (Cat. 22, 1–2)

qui dicerent	Relativsatz mit konsekutivem Nebensinn VIDEO S. 59. Konsekutiver Attributsatz § 162.2
Catilinam … circumtulisse	AcI VIDEO S. 27 ff. §§ 116-119, abhängig von „dicerent"
oratione habita	ablativus absolutus VIDEO S. 34 ff. § 128
quom … adigeret	cum temporale VIDEO S. 45. Temporalsatz § 151
sanguinem … permixtum	participium coniunctum VIDEO S. 31 ff. § 127
inde	bezieht sich auf „in pateris" = „daraus"
quom … degustavissent	cum temporale VIDEO S. 45. Temporalsatz § 151
sicuti … consuevit	Komparativsatz VIDEO S. 56 f. § 158
(Catilinam) … aperuisse … atque fecisse	AcI VIDEO S. 27 ff. §§ 116–119, abhängig von „dicerent"
eo, … quo … magis … forent	Finalsatz § 148.2
tanti facinoris	Genitiv bei ergänzungsbedürftigen Adjektiven § 91

Sallust, Text 3 (ep. 2, 1)

quam … sit	indirekter Fragesatz VIDEO S.57 f. § 143, abhängig von „scio"

factu	Supinum VIDEO S.40 f. § 121
quoius … sunt	Relativsatz VIDEO S. 58 f. Attributsatz § 160
cum … et … adsint neque … sit	cum causale VIDEO S. 46. Kausalsatz § 155
quia … agitat	cum causale VIDEO S. 46. Kausalsatz § 155

Sallust, Text 4 (Cat. 51, 1–4)

omnis homines … vacuos esse	AcI VIDEO S. 27 ff. §§ 116–119, abhängig von „decet"
qui … consultant	Relativsatz VIDEO S. 58 f. Attributsatz § 160
ab odio, amicitia, ira atque misericordia	ablativi separativi VIDEO S. 25. § 102
ubi … officiunt	Temporalsatz § 152
ubi … intenderis	Temporalsatz § 152
si … possidet	Konditionalsatz (Realis) VIDEO S. 53. indefiniter Konditionalsatz § 157
mihi est	dativus possessoris/possessivus VIDEO S. 22. § 86
mihi est = ich hätte	§ 131
memorandi	Gerundium VIDEO S. 37 f. § 122
quae … consuluerint	indirekter Fragesatz VIDEO S. 57 f. § 143
populi … inpulsi	participium coniunctum VIDEO S. 31 ff. § 127

Sallust, Text 5 (inv. in Cic. 7)

quid … commemorem	deliberativer Fragesatz VIDEO S. 13. § 136
quem	relativischer Anschluss VIDEO S. 61. § 138
exulem	Prädikativum VIDEO S. 7 f. § 76
Romule Arpinas	„du Romulus aus Arpinum" ist ironisch gemeint
qui … superasti	Relativsatz VIDEO S. 58 f. Attributsatz § 160
quem locum … obtines quae partes … placent quem … habes	Fragesätze VIDEO S. 42. § 136
amicum, inimicum	Prädikatsnomina VIDEO S. 5. § 81

4. ZU DEN LIVIUS-TEXTEN

Livius, Text 1 (5, 18, 7–9)

tribuni … profecti	participium coniunctum VIDEO S. 31 ff. § 127[1]
dum … gerunt	Temporalsatz VIDEO S. 47. § 154
luens	participium coniunctum VIDEO S. 31 ff. § 127
militibus collectis	ablativus absolutus VIDEO S. 34 ff. § 128
ignominiae cladis	genitivi materiae § 99
quae … vertit	Relativsatz VIDEO S. 58 f. Attributsatz § 160
prope … vertit	„wäre fast …" § 131

Livius, Text 2 (22, 13, 9–11)

praedatum	Supinum VIDEO S. 40 f. § 121
cum … flagrarent	Konzessivsatz VIDEO S. 46. § 156
fide	ablativus separativus VIDEO S. 25. § 102
quia … regebantur … nec abnuebant	Kausalsatz VIDEO S. 51. § 155
quod … est	Relativsatz VIDEO S. 58 f. Attributsatz § 160

---

[1] Der Kurzgefaßten lateinischen Sprachlehre (s. Vorwort S. 3).

Livius, Text 3 (31, 20, 2)

qui	relativischer Anschluss VIDEO S. 61. § 138
cum ... exposuisset postulassetque	cum historicum VIDEO S. 46. Temporalsatz § 151
ut ... liceret	abhängiger Wunsch-/Begehrsatz VIDEO S. 55. § 145
triumphanti	participium coniunctum VIDEO S. 31 ff. § 127
res ... esse	AcI VIDEO S. 27 ff. §§ 116–119, abhängig von „censebat"
triumpho	ablativus instrumentalis § 105 bei „dignus"
exemplum ... accepisse	AcI VIDEO S. 27 ff. §§ 116–119, abhängig von „censebat"
ut ... triumpharet	ut explicativum VIDEO S. 54. § 145.Anm.
qui ... gessisset	Relativsatz VIDEO S. 58 f. Attributsatz § 160 in indirekter Rede VIDEO S. 65 f. §§163–165
dictator consul praetor	Prädikativa VIDEO S. 7 f. § 76
illum ... obtinuisse	AcI VIDEO S. 27 ff. §§ 116–119, abhängig von „censebat"
pro consule consulem praetorem	Prädikativa § 76

Livius, Text 4 (21, 9, 3–4)

legatos venisse	AcI VIDEO S. 27 ff. §§ 116–119, abhängig von „nuntiatum est"
quibus	relativischer Anschluss VIDEO S. 61. § 138
qui dicerent	Relativsatz mit konsekutivem Nebensinn VIDEO S. 59. finaler Attributsatz § 162
eos adituros	AcI VIDEO S. 27 ff. §§ 116–119, abhängig von „dicerent"
operae esse legationes audire	AcI VIDEO S. 27 ff. §§ 116–119, abhängig von „dicerent" wobei „esse" den Infinitiv, „legationes audire" den Subjektsakkusativ bilden
operae	genitivus possessivus VIDEO S. 19. genitivus pertinentiae § 92
(eos) admissos	participium coniunctum VIDEO S. 31 ff. § 127
(eos) ... ituros (esse)	AcI VIDEO S. 27 ff. §§ 116–119
ut ... praepararent	Finalsatz VIDEO S. 55. § 148
ne ... posset	Finalsatz VIDEO S. 55. § 148
ne quid	(ali)quid § 23.1.1

Livius, Text 5 (21, 10, 4–5)

flagrantem ... -que ... cernentem	participia coniuncta VIDEO S. 31 ff. § 127
regni	genitivus obiectivus VIDEO S. 19 f. § 96

si … vivat	Konditionalsatz (Potentialis) VIDEO S. 54. § 157
serendo	Gerundium VIDEO S. 37 f. § 122
succinctus	participium coniunctum VIDEO S. 31 ff. § 127
praebentes	participium coniunctum VIDEO S. 31 ff. § 127
quo … ardetis	Relativsatz VIDEO S. 58 f. Attributsatz § 160
unde arcentur	Relativsatz VIDEO S. 58 f. Attributsatz § 160
per quos … sunt ulti	Relativsatz VIDEO S. 58 f. Attributsatz § 160

5. ZU DEN SENECA-TEXTEN

Seneca, Text 1 (ep. 50, 3-4)

hoc ... accidere	AcI VIDEO S. 27 ff. §§ 116–119[1], abhängig von „liqueat"
quod ... ridemus	Relativsatz VIDEO S. 58 f. Attributsatz § 160
liqueat	„jussiver" Konjunktiv VIDEO S. 13. § 133
se avarum esse (se) cupidum (esse)	AcI VIDEO S. 27 ff. §§ 116–119, abhängig von „intellegit"
in visceribus ipsis	in den Eingeweiden selbst = „tief im Innersten"

Seneca, Text 2 (ep. 48, 2-3)

qui ... intuetur	Relativsatz VIDEO S. 58 f. Attributsatz § 160
qui ... convertit	Relativsatz VIDEO S. 58 f. Attributsatz § 160
si vis	Konditionalsatz (Realis) VIDEO S. 53. § 157
vivas oportet	oportet, ut vivas
societas ... observata	participium coniunctum VIDEO S. 31 ff. § 127
quae ... miscet et iudicat	Relativsatz VIDEO S. 58 f. Attributsatz § 160
aliquod commune ius esse	AcI VIDEO S. 27 ff. §§ 116–119, abhängig von „iudicat"
de qua loquebar	Relativsatz VIDEO S. 58 f. Attributsatz § 160

1 Der Kurzgefaßten lateinischen Sprachlehre (s. Vorwort S. 3).

ad … societatem … colendam	Gerundivum VIDEO S. 38 ff. § 123

Seneca, Text 3 (ep. 1, 1)

mi Lucili	Vokativ VIDEO S. 18. § 8
quod … auferebatur aut subripiebatur aut excidebat	Relativsatz VIDEO S. 58 f. Attributsatz § 160
persuade tibi	persuadere mit Dat. § 85
hoc esse	AcI VIDEO S. 27 ff. §§ 116–119, abhängig von „persuade"
ut scribo	Komparativsatz VIDEO S. 54, 56 f., 62. § 158
quae … fit	Relativsatz VIDEO S. 58 f. Attributsatz § 160
si volueris	Konditionalsatz (Realis) VIDEO S. 53. indefiniter Konditionalsatz § 157
volueris	Fut.II vorzeitig zu elabitur VIDEO S. 44. § 140
agentibus erg. hominibus	participium coniunctum VIDEO S. 31 ff. § 127

Seneca, Text 4 (ep. 1, 2)

dabis	modales Futur = umschreibe mit „kannst"
qui … ponat qui … aestimet qui intellegat	Relativsätze mit konsekutivem Nebensinn VIDEO S. 59. konsekutive Attributsätze § 162.2
se … mori	AcI VIDEO S. 27 ff. §§ 116–119

quod ... prospicimus	konstatives „quod" VIDEO S. 53. § 142
quidquid ... est	verallgemeinernder Attributsatz § 161
aetatis	genitivus partitivus VIDEO S. 20. genitivus materiae § 99
mi Lucili	Vokativ VIDEO S. 18. § 8
quod ... scribis	Relativsatz VIDEO S. 58 f. Attributsatz § 160
facere te	AcI VIDEO S. 27 ff. §§ 116–119
ut ... pendeas	konsekutives ut VIDEO S. 56, 62. § 150
si ... inieceris	Konditionalsatz (Realis) VIDEO S. 53. indefiniter Konditionalsatz § 157
inieceris	Futur II, vorzeitig zu dem in der Zukunft liegenden „pendeas"
dum differtur	dum = „während" im modal-kausalem Sinn = „dadurch, dass"; „indem"

Seneca, Text 5 (ep. 41, 1–2)

si ... perseveras	Konditionalsatz (Realis) VIDEO S. 53. § 157
ut scribis	Komparativsatz VIDEO S. 54, 62. § 158
quam stultum est optare	verschränkter Relativsatz/Attributsatz VIDEO S. 61/§ 160 mit AcI VIDEO S. 27 ff. § 118
stultum est	„es wäre töricht" § 131
cum possis	cum causale VIDEO S. 46. Kausalsatz § 155

elevandae, exorandus	Gerundiva VIDEO S. 38 ff. § 123
ut … admittat	abhängiger Wunsch-/Begehrsatz VIDEO S. 55. § 145
quasi … possimus	Komparativsatz VIDEO S. 57, 62. § 158
Lucili	Vokativ VIDEO S. 18. § 8
observator et custos	Prädikativa VIDEO S. 7 f. § 76

II Übersetzungen

1 CICERO-PRÜFUNGSTEXTE

Cicero, Text 1 (pro Sestio 96)

Es hat in diesem Staat immer zwei Arten von Menschen gegeben, die sich bemüht haben, sich mit Politik zu beschäftigen und in dieser Tätigkeit ziemlich gut zu sein. Von diesen zwei Arten wollten die einen für Populare, die anderen für Optimaten gehalten werden und es auch sein. Diejenigen, die wollten, dass das, was sie taten und sagten, der Menge angenehm war, wurden als Populare, diejenigen aber, die so handelten, dass ihre Pläne gerade den Besten gefielen, als Optimaten angesehen.

Cicero, Text 2 (Philippica 4, 6, 1)

Welche schwerwiegenderen Entscheidungen, M. Antonius, erwartest du? Caesar, der ein Heer gegen dich aufgestellt hat, wird in den Himmel gehoben; mit höchstem Lob werden die Legionen bedacht, die dich verlassen haben, die von dir angeworben worden sind und die deine wären, wenn du lieber Konsul als Staatsfeind hättest sein wollen; der Senat bekräftigt die ausgesprochen mutige und vernünftige Entscheidung dieser Legionen, und das gesamte römische Volk heißt sie gut, es sei denn ihr, Mitbürger, meintet, dass Antonius ein Konsul, nicht aber ein Staatsfeind ist.

Cicero, Text 3 (Cat. 4, 18)

Ihr habt einen Konsul, der aus sehr vielen Gefahren, vor sehr vielen Attentaten und vor dem unmittelbaren Tod gerettet worden ist, nicht seines Lebens, sondern eures Wohles wegen. Alle Stände stimmen in ihrer Einstellung, ihrer Absicht und in ihren Äußerungen überein, dass der Staat vor dem Untergang bewahrt werden müsse. Einig streckt das Vaterland, bedrängt von Fackeln und Geschossen der gottlosen Verschwörung, euch flehend die Hände entgegen. Euch vertraut es sich selbst an, euch das Leben aller Bürger, euch die Burg und das Kapitol, euch die Altäre der Penaten, euch jenes ewige Feuer der Vesta, euch die Tempel und Heiligtümer aller Götter, euch die Mauern und Häuser der Stadt.

Cicero, Text 4 (de imp. 29)

Was für eine Rede kann denn eigentlich ersonnen werden, die den Vorzügen des Pompeius angemessen ist? Was gibt es, das jemand vorbringen könnte, was jenes Mannes würdig, für euch neu oder für irgendjemanden bis jetzt noch unbekannt ist? Und nicht allein die Vorzüge eines Feldherren, die allgemein dafür gehalten werden, sind es, nämlich Ausdauer in den Tätigkeiten, Tapferkeit in Gefahren, Umsicht im Handeln, Schnelligkeit in der Durchführung, Klugheit beim Treffen von Vorsorgemaßnahmen, die bei diesem einen in so großer Zahl vorhanden sind, wie es sie bei allen übrigen Feldherren, die wir entweder gesehen oder von denen wir gehört haben, nicht gegeben hat.

Cicero, Text 5 (in Caec. 2 ff.)

Ausgeraubt und gepeinigt kamen die Einwohner von Sizilien nun oft alle mit dem öffentlichen Anliegen zu mir, dass ich den Fall und die Verteidigung ihrer gesamten Existenz übernähme. Sie sagten, ich hätte oft versprochen und oft deutlich gemacht, dass, wenn der Zeitpunkt gekommen sei, in der meine Hilfe erforderlich sei, ich mich der Vertretung ihrer Interessen nicht entziehen werde. Sie sagten wiederholt, der Zeitpunkt sei gekommen, dass ich schon nicht mehr nur ihre Interessen, sondern die Existenz und das Wohl der gesamten Provinz vertreten möge.

Cicero, Text 6 (Sext. Rosc. 154)

Für weise Männer, die sowohl mit jenem Ansehen als auch mit jener Macht ausgestattet sind, mit der ihr es seid, ziemt es sich, besonders die Übel zu kurieren, an denen der Staat besonders leidet. Es gibt keinen unter euch, der nicht begreift, dass das römische Volk, das einst für besonders nachsichtig gegenüber den Feinden gehalten wurde, zum jetzigen Zeitpunkt an Grausamkeit, die im Inneren des Staates wütet, leidet. Diese Grausamkeit entfernt aus unserem Gemeinwesen, ihr Richter, duldet nicht, dass sie noch länger in diesem Staat hier um sich greift!

Cicero, Text 7 (de imp. 37, 1–3)

Wer weiß daher nicht, wie große Schäden wegen dieser Habgier der Feldherren unsere Heere, wohin auch immer sie gekommen sind, bringen? Erinnert euch an die Märsche, die unsere Feldherren all diese Jahre hindurch in Italien durch Felder und Städte römischer Bürger gemacht haben! Dann werdet ihr um so leichter beurteilen können, was wohl bei fremden Völkern passiert. Glaubt ihr, dass in diesen Jahren mehr feindliche Städte durch die Waffen eurer Soldaten oder mehr Bürgerschaften der Bundesgenossen durch die Einquartierung im Winter zerstört worden sind? Denn weder kann derjenige Feldherr, der sich selbst nicht in Schranken hält, ein Heer in Schranken halten, noch kann derjenige streng in seinem Urteil sein, der nicht will, dass andere ihm gegenüber strenge Richter sind.

Cicero, Text 8 (de imp. 49)

Weswegen, Mitbürger, zögert ihr, obwohl der Krieg so notwendig ist, dass er uns nicht gleichgültig sein kann, obwohl er ein solches Ausmaß annimmt, dass er äußerst umsichtig geführt werden muss, und obwohl ihr mit seiner Führung einen Feldherren beauftragen könnt, bei dem sowohl ausgezeichnetes militärisches Wissen, einzigartige Tapferkeit, höchste Autorität und äußerstes Glück vereint sind, dieses so große Gut, das euch von den unsterblichen Göttern angeboten und gegeben worden ist, zu nutzen, um den Staat vor dem Untergang zu bewahren und mächtiger zu machen?

Cicero, Text 9 (de off. 3, 38)

Gyges beging mit Hilfe dieses Ringes Ehebruch mit der Königin und tötete mit ihrer Unterstützung seinen Herrn, den König, und niemand konnte ihn bei diesen Verbrechen sehen. So ist er plötzlich mit Hilfe des Ringes König von Lydien geworden. - Wenn daher ein Weiser eben diesen Ring besitzen sollte, dürfte er wohl glauben, dass ihm nicht mehr zu sündigen erlaubt sei, als wenn er diesen nicht besäße; denn das Ehrenvolle wird von guten Männern gesucht, nicht aber dunkle Machenschaften.

Cicero, Text 10 (de off. 3, 113)

Nach der Schlacht bei Cannae schickte Hannibal zehn Männer zum Senat, die den Schwur geleistet hatten, dass sie in das Lager der Punier zurückkehren würden, wenn sie nichts hinsichtlich eines Freikaufes der Gefangenen erreicht hätten. Polybius berichtet, dass von diesen neun zurückgekehrt seien, nachdem sie beim Senat in dieser Sache nichts erreicht hätten; einer, der, nachdem er das Lager verlassen hatte, zurückgekehrt sei, als ob er irgendetwas vergessen hätte, sei in Rom geblieben. Er erklärte, dass er ja durch die Rückkehr ins Lager von seinem Eid befreit sei.

Cicero, Text 11 (de off. 1, 57)

Aber wenn man alles mit Verstand und Herz gegeneinander abwägt, dann ist von allen Formen der Lebensgemeinschaft keine wichtiger, keine teurer als die, die einen jeden von uns mit dem Staat verbindet. Teuer sind die Eltern, teuer die Kinder, die Verwandten, die Freunde; aber das Vaterland umfasst als einziges alle Formen von Lebensgemeinschaften; welcher Gute dürfte wohl zögern, dafür den Tod zu erleiden, wenn er ihm nützlich sein könnte? Umso verachtenswerter ist die Unmenschlichkeit derer, die das Vaterland durch jede Art von Verbrechen zerfleischt haben und damit beschäftigt sind und waren, es von Grund auf zu zerstören.

Cicero, Text 12 (de off. 1, 69)

Aber viele Menschen gibt es und hat es gegeben, die sich auf der Suche nach innerer Ruhe, wie ich sie nenne, aus öffentlichen Ämtern zurückgezogen und sich in das Privatleben geflüchtet haben, unter diesen auch die angesehensten und führendsten Philosophen; sie konnten weder das Verhalten des Volkes noch das der Regierenden ertragen, und nicht wenige lebten auf ihren Ländereien und genossen dabei ihr Vermögen. Diesen schwebte dasselbe Ziel vor wie Königen, nämlich an keiner Sache Mangel zu haben und niemandem zu gehorchen.

Cicero, Text 13 (de off. 1, 74)

Aber obwohl sehr viele Menschen meinen, das Kriegswesen sei bedeutender als zivile Tätigkeiten, muss diese Meinung doch eingeschränkt werden. Denn viele Menschen haben oft aus Ruhmsucht danach getrachtet Kriege zu führen, und dies ist meistens bei großen Charakteren und Begabungen der Fall, und das umso mehr, wenn sie für das Kriegswesen geschaffen und begierig sind Kriege zu führen: Wenn wir aber der Wirklichkeit entsprechend urteilen wollen, so hat es viele zivile Angelegenheiten gegeben, die wichtiger und bedeutender waren als militärische.

Cicero, Text 14 (de off. 1, 153)

Jene Weisheit aber, die ich die erste Tugend genannt habe, ist das Wissen um die göttliche und menschliche Natur, auf dem der Gemeinsinn und die Gemeinschaft der Götter und Menschen beruht. Daher ist es notwendig, dass diese moralische Pflicht, da sie sich vom Gemeinsinn herleitet, die umfassendste ist. Denn die Kenntnis und Betrachtung der Natur dürfte wohl nur bruchstückhaft und unvollständig sein, falls keinerlei Umsetzung der Überlegungen in die Tat folgen sollte. Die Umsetzung in die Tat zeigt sich aber besonders darin, die Interessen der Menschen zu schützen.

Cicero, Text 15 (de off. 1, 154)

Denn wer ist bei der gründlichen Erforschung des Wesens der Natur so eifrig, dass er, wenn ihm bei der Betrachtung der Dinge, die einer genauen Kenntnis äußerst würdig sind, plötzlich zugetragen werden sollte, dass das Vaterland, dem er zu Hilfe kommen könnte, in Gefahr sei, nicht all jenes beiseite ließe, auch wenn er der Meinung sein sollte, er könne die Sterne zählen?
Hieraus läßt sich erkennen, dass den Studien und den Verpflichtungen gegenüber der Wissenschaft die Verpflichtungen gegenüber der Gerechtigkeit, die dem Nutzen der Menschen dient, vorzuziehen ist. Nichts darf dem Menschen wichtiger sein als dieser.

Cicero, Text 16 (de invent. 1, 1)

Und bei längerem Nachdenken bringt wenigstens mich die Vernunft selbst hauptsächlich zu dieser Meinung, dass ich glaube, dass Weisheit ohne Beredsamkeit im Staat wenig nutzt, Beredsamkeit aber ohne Weisheit meistens übermäßig schadet, niemals aber nutzt. Wenn irgendjemand unter Vernachlässigung äußerst dringlicher und angemessener Beschäftigungen, die den Verstand und sein Amt betreffen, seine ganze Mühe darauf verwendet, sich im Reden zu üben, lebt dieser deswegen für sich unnütz und als ein für das Vaterland gefährlicher Bürger.

Cicero, Text 17 (de invent. 1, 2)

Zu dieser Zeit hat ein gewisser offensichtlich bedeutender und weiser Mann erkannt, was Talent bedeute und welch große Fähigkeit zu äußerst großen Leistungen den Menschen innewohne, wenn irgendjemand diese Fähigkeit hervorlocken und durch Unterweisung besser machen könne. Dieser hat Menschen, die auf dem Lande verstreut und in Hütten im Wald versteckt lebten, nach einem bestimmten System an einem Ort versammelt und zusammengebracht und diese aus unzivilisierten und unkultivierten zu sanften und friedlichen Wesen gemacht.

Cicero, Text 18 (Tusc. disp. 5, 60)

Und als dieser Ball spielen wollte – gern tat er dies nämlich – und seine Tunika ablegte, soll er einem jungen Mann, den er liebte, sein Schwert überlassen haben.
Als hierauf irgendein Freund im Spaß gesagt hatte: „Du vertraust aber diesem zweifellos dein Leben an", und der junge Mann darüber gelacht hatte, ließ er beide töten, den einen, weil er seiner Meinung nach einen Weg, ihn zu töten, aufgezeigt habe, den anderen, weil er diesen Ausspruch durch sein Lachen gebilligt habe. Aber aufgrund dieser Tat empfand er solchen Schmerz, dass er an nichts in seinem Leben schwerer getragen hat; denn er hatte denjenigen töten lassen, den er sehr geliebt hatte.

Cicero, Text 19 (ad Quint. frat. 1, 1, 29)

Und eben jener, was seinen Verstand und seine Bildung betrifft, vor allen herausragende (Philosoph) Plato meinte, dass es dann schließlich glückliche Staaten geben werde, wenn entweder gelehrte und weise Männer es angingen, diese zu führen, oder wenn diejenigen, die an der Macht seien, ihr gesamtes Interesse der Bildung und Weisheit widmeten. Er meinte offenbar, dass diese Verbindung von Macht und Weisheit den Staaten zum Wohl dienen könne. Vielleicht traf dies einstmals auf unseren Staat als ganzen zu, nun aber ist es auf jeden Fall jener Provinz zuteil geworden, dass derjenige in ihr die oberste Amtsgewalt hat, der von Jugend an ein Maximum an Arbeit und Zeit darauf verwandt hat, sich Bildung, Tugend und menschliche Würde anzueignen.

Cicero, Text 20 (de off. 3, 56)

Als der König Pyrrhus von sich aus mit dem römischen Volk Krieg begonnen hatte, kam ein Überläufer von ihm in das Lager des Fabricius und versprach diesem, dass er, wenn er ihm eine Belohnung in Aussicht stelle, so heimlich, wie er gekommen sei, in das Lager des Pyrrhus zurückkehren und diesen mit Gift töten werde. Fabricius ließ ihn zu Pyrrhus zurückbringen und diese seine Maßnahme wurde vom Senat gebilligt.

2 CAESAR-PRÜFUNGSTEXTE

Caesar, Text 1 (B.G. IV, 7, 1–3)

Nachdem er Getreide beschafft und Reiter ausgewählt hatte, begann er, in die Gegend zu marschieren, wo sich, wie er hörte, die Germanen aufhielten. Als er von diesen wenige Tagesmärsche entfernt war, trafen Gesandte von ihnen ein. Deren Rede war folgende: Die Germanen fingen weder als erste mit dem römischen Volk Krieg an, noch aber weigerten sie sich, falls sie herausgefordert werden sollten, sich mit Waffen zu messen, da dies von den Vorfahren überlieferter Brauch der Germanen sei, wer auch immer sie angreife, demjenigen Widerstand zu leisten und nicht um Gnade zu bitten.

Caesar, Text 2 (B.G. VII, 14, 1–4)

Nachdem Vercingetorix so viele aufeinanderfolgende Rückschläge in Vellaunodunum, Cenabum und Noviodunum erlitten hatte, rief er seine Leute zu einer Versammlung zusammen. Er legte dar, dass der Krieg auf eine ganz andere Weise geführt werden müsse, als er bisher geführt worden sei; in jeder Hinsicht müsse man sich darum bemühen, die Römer vom Futterholen und der Proviantzufuhr abzuschneiden. Dies sei leicht, da sie selbst über Reiter im Übermaß verfügten und durch die Jahreszeit unterstützt würden. Grünfutter könne noch nicht geschnitten werden; also müssten die Feinde es notwendigerweise in kleinen Gruppen von den Gehöften holen; diese alle könnten täglich von den Reitern aufgerieben werden.

Caesar, Text 3 (B.G. IV, 19, 1–3)

Nachdem sich Caesar mehrere Tage in deren Gebiet aufgehalten hatte und alle Dörfer und Gehöfte hatte anzünden lassen, zog er sich in das Gebiet der Ubier zurück und erfuhr, nachdem er ihnen seine Hilfe versprochen hatte, falls sie von den Sueben bedrängt werden würden, folgendes von ihnen: Nachdem die Sueben durch Kundschafter erfahren hätten, dass eine Brücke gebaut werde, hätten sie in alle Landesteile Boten gesandt mit dem Befehl, dass ihre Landsleute die Siedlungen verlassen, die Kinder, Frauen und alle ihre Habe in die Wälder bringen sollten, und dass alle, die waffenfähig seien, sich an einem Ort versammeln sollten.

Caesar, Text 4 (B.G. I, 46, 1–3)

Während man in der Unterredung darüber verhandelte, wurde Caesar gemeldet, dass Reiter Ariovists sich dem Hügel näherten, an unsere Leute heranritten und Steine und Speere auf unsere Soldaten schleuderten. Caesar beendete die Unterredung, zog sich zu seinen Leuten zurück und befahl ihnen, nicht einen Speer gegen die Feinde zurückzuschleudern. Denn, auch wenn er sah, dass ein Kampf mit der Reiterei für eine Elite-Legion ohne irgendein Risiko sein werde, glaubte er dennoch, es nicht so weit kommen lassen zu dürfen, dass man behaupten könne, sie seien von ihm während einer Unterredung umzingelt worden.

Caesar, Text 5 (B.C. I, 73, 1–3)

Am nächsten Tag berieten die Anführer der Gegner, völlig aus der Fassung gebracht, da sie jegliche Hoffnung auf Getreidezufuhr und auf die Überquerung des Flusses Ebro aufgegeben hatten, über das weitere Vorgehen. Es gab überhaupt nur einen Weg, wenn sie nach Ilerda zurückkehren wollten, einen anderen, wenn sie Tarracona erreichen wollten. Während sie über diese Situation berieten, wurde ihnen gemeldet, dass ihre Leute beim Wasserholen von unserer Reiterei bedrängt würden. Nachdem sie dies erfahren hatten, verteilten sie zahlreiche Wachposten bestehend aus Reitern und begannen, einen Wall vom Lager zur Wasserstelle zu ziehen, damit sie innerhalb der Befestigung sowohl ohne Furcht als auch ohne Bewachung Wasser holen könnten.

3   SALLUST-PRÜFUNGSTEXTE

Sallust, Text 1 (Iug. 61, 1–2)

Nachdem Metellus eingesehen hatte, dass sein Vorhaben erfolglos war, dass weder die Stadt eingenommen werden konnte noch Jugurtha sich außer aus dem Hinterhalt oder auf günstigem Gelände auf einen Kampf einließ und der Sommer schon vorbei war, rückte er von Zama ab und stationierte in den Städten, die zu ihm abgefallen und aufgrund ihrer Lage oder ihrer Mauern sicher genug befestigt waren, Besatzungstruppen. Den Rest des Heeres verlegte er zum Überwintern in die Provinz, die am nächsten bei Numidien liegt.

Sallust, Text 2 (Cat. 22, 1–2)

Es gab zu dieser Zeit Menschen, die behaupteten, dass Catilina nach einer Rede, als er die, die an seiner Verschwörung teilnahmen, vereidigte, menschliches Blut mit Wein vermischt in Bechern herumgereicht habe: Als alle nach einem Schwur davon getrunken hätten, wie es bei feierlichen Opfern üblicherweise geschieht, habe er seinen Plan dargelegt, und habe diese Aufnahme mit der Absicht so gestaltet, dass sie untereinander umso treuer wären, wenn sie Mitwisser eines so großen Verbrechens wären.

Sallust, Text 3 (ep. 2, 1)

Ich weiß, wie außerordentlich schwierig es zu leisten ist, einem König oder Feldherren, überhaupt jedem Menschen, dessen Macht außerordentlich groß ist, einen Rat zu geben, zumal ja einerseits jenen Scharen an Ratgebern zur Seite stehen, und andererseits niemand, was die Zukunft angeht, genügend kundig und weitblickend ist. Ja vielmehr führen oft sogar schlechte Ratschläge eher als gute zum Erfolg, weil das Schicksal sehr viele Dinge nach seiner Laune fügt.

Sallust, Text 4 (Cat. 51, 1–4)

Alle Menschen, ihr Senatoren, die über schwierige Situationen beraten, müssen frei von Antipathie, Sympathie, Zorn und Mitleid sein. Nicht leicht sieht der Geist das Richtige, wo jene Emotionen ihm im Wege stehen, und noch niemand hat zugleich der Leidenschaft nachgegeben und ist dabei dem praktischen Nutzen gerecht geworden. Sobald man seinen Verstand anstrengt, ist er mächtig, wenn die Leidenschaft aber von einem Besitz ergreift, gewinnt diese die Oberhand, der Geist hingegen vermag nichts. Ich hätte eine große Menge Stoff zur Verfügung, Senatoren, um zu berichten, was Könige und Völker, geleitet von Zorn oder Mitleid, an schlechten Maßnahmen getroffen haben.

Sallust, Text 5 (inv. in Cic. 7)

Was soll ich noch mehr über deine Überheblichkeit reden? Du, den Minerva doch alle Künste gelehrt hat, den Jupiter Optimus Maximus zu der Ratsversammlung der Götter zugelassen hat, den, als er verbannt war, Italien auf seinen Schultern zurückgetragen hat? Ich bitte dich, du Romulus aus Arpinum, der du durch deine außerordentliche Tüchtigkeit alle Männer vom Schlag eines Paulus, Fabius und Scipio übertroffen hast, welchen Platz nimmst du denn nun eigentlich in diesem Staat ein? Welche politische Partei sagt dir zu? Wen hast du zum Freund und wen zum Feind?

4 LIVIUS-PRÜFUNGSTEXTE

Livius, Text 1 (5, 18 ,7–9)

Als die Militärtribunen Titinius und Genucius gegen die Falisker und Capenaten gezogen waren, gerieten sie, während sie den Feldzug eher mit Mut als mit Überlegung führten, in einen Hinterhalt. Mit einem ehrenvollen Tod büßte Genucius für seinen Leichtsinn und fiel vor den Feldzeichen in der vordersten Reihe. Titinius ordnete die Schlachtreihe wieder, nachdem er die Soldaten nach dem großen Durcheinander wieder auf einem hohen Hügel gesammelt hatte, lieferte sich aber dennoch mit dem Feind keinen Kampf, obwohl das Gelände günstig war. Mehr Schande als eine Niederlage hatte man erlitten, welche fast zu einer ungeheuren Katastrophe geführt hätte.

Livius, Text 2 (22, 13, 9–11)

Er schickte Maharbal mit Reitern ins Falernerland, um Beute zu machen. Diese Plünderung reichte bis zu den Bädern von Sinuessa. Die Numider richteten weit und breit einen immensen Schaden an, lösten eine Fluchtwelle aus und verbreiteten Schrecken. Aber dennoch brachte dieser Schrecken, obwohl ringsum Kriegszustand herrschte, die Bundesgenossen nicht von ihrer Bündnistreue ab, weil sie offenbar von einer gerechten und gemäßigten Herrschaft regiert wurden und nicht abgeneigt waren, den Besseren zu gehorchen, was das einzige Band der Treue ist.

Livius, Text 3 (31, 20, 2)

Ungefähr zur selben Zeit kam der Prokonsul L. Cornelius Lentulus aus Spanien zurück. Als er im Senat die Leistungen dargelegt hatte, die von ihm über viele Jahre tapfer und erfolgreich vollbracht worden waren, und er gefordert hatte, es möge ihm erlaubt sein, in einem Triumphzug in die Stadt zu ziehen, meinte der Senat, dass seine Leistungen zwar eines Triumphzuges würdig seien, man aber von den Vorfahren kein Beispiel dafür überliefert bekommen habe, dass jemand, der weder als Diktator noch als Konsul noch als Prätor etwas geleistet habe, einen Triumphzug abhalten könne. Jener habe die Provinz Spanien als Prokonsul, nicht aber als Konsul oder Prätor verwaltet.

Livius, Text 4 (21, 9, 3–4)

Inzwischen wurde gemeldet, dass Gesandte aus Rom gekommen seien. Ihnen wurden von Hannibal Männer zum Meer entgegengeschickt, die ihnen ausrichten sollten, dass sie weder sicher zwischen so vielen Waffen derart aufgebrachter Stämme zu ihm gelangen würden, noch Hannibal angesichts einer derartigen Gefahrensituation Zeit habe, Gesandtschaften anzuhören. Es war offensichtlich, dass diese, wenn sie nicht zugelassen würden, sofort nach Karthago reisen würden. Daher schickte er Boten mit einem Brief zu den führenden Männern der Partei der Barkiden voraus, damit sie ihre Landsleute beeinflussen sollten, damit nicht die Gegenpartei dem römischen Volk irgendwelche Zugeständnisse mache.

Livius, Text 5 (21, 10, 4–5)

Als ob ihr dem Feuer noch Brennmaterial liefern wolltet, habt ihr einen jungen Mann zum Heer geschickt, der vor Begierde nach Macht brennt und nur einen Weg sieht diese zu erlangen, nämlich wenn er, einen Krieg an den andern reihend, umgeben von Waffen und Legionen lebt. Also habt ihr dieses Feuer, durch das ihr nun in Flammen steht, selbst genährt. Eure eigenen Truppen belagern Sagunt, von dem sie eigentlich aufgrund eines Vertrages ferngehalten werden sollten; bald werden römische Legionen Karthago belagern unter Führung derselben Götter, mit Unterstützung derer sie im letzten Krieg den Bruch der Verträge gerächt haben.

5 SENECA-PRÜFUNGSTEXTE

Seneca, Text 1 (ep. 50, 3–4)

Es sollte dir klar sein, dass das, was wir bei jener lächerlich finden, uns allen passiert: Niemand begreift, dass er habgierig ist, niemand begreift, dass er egoistisch ist. Die Blinden suchen immerhin noch nach einem Führer, wir hingegen irren ohne Führung herum und sagen: „Ich bin nicht ehrgeizig, aber niemand kann in Rom anders leben." Warum machen wir uns etwas vor? Unser Übel befindet sich nicht außerhalb von uns: In uns ist es, tief im Innersten sitzt es.

Seneca, Text 2 (ep. 48, 2–3)

Und niemand, der nur auf sich schaut, der alles zu seinem eigenen Vorteil wendet, kann ein glückliches Leben führen: Für den anderen musst du leben, wenn du für dich leben willst. Dieser Sinn für die Gemeinschaft, sorgfältig und gewissenhaft beachtet, der uns Menschen mit den Mitmenschen verbindet und das Bewusstsein vermittelt, es gebe so etwas wie ein allgemeines Menschenrecht, trägt sehr viel dazu bei, auch jene innigere Freundschaft zu pflegen, über die ich sprach.

Seneca, Text 3 (ep. 1, 1)

Mach es so, mein Lucilius: Befreie dich für dich selbst und sammele und hüte die Zeit, die dir bisher entweder immer wieder geraubt oder heimlich genommen wurde oder entglitt. Überzeuge dich davon, dass es so ist, wie ich schreibe: Manche Augenblicke werden uns gewaltsam genommen, manche heimlich, manche entgleiten uns. Der beschämendste Verlust aber ist der, der aus Nachlässigkeit geschieht. Und wenn du genau aufpassen willst: Ein großer Teil des Lebens entgleitet den Menschen, wenn sie Schlechtes tun, ein sehr großer Teil, wenn sie nichts tun, das ganze Leben, wenn sie Nebensächliches tun.

Seneca, Text 4 (ep. 1, 2)

Wen kannst du mir nennen, der der Zeit irgendeinen Wert beimisst, der den Tag zu schätzen weiß, der begreift, dass er jeden Tag stirbt? Darin täuschen wir uns nämlich, dass wir den Tod in der Ferne wähnen: Ein großer Teil von ihm gehört schon der Vergangenheit an; was auch immer an Lebenszeit hinter uns liegt, hält der Tod bereits in seinen Händen. Verhalte dich aber so, mein Lucilius, wie du schreibst, dass du dich verhältst: Halte alle Stunden fest; so wird es dazu kommen, dass du weniger stark vom morgigen Tag abhängst, wenn du den heutigen in die Hand nimmst. Indem das Leben aufgeschoben wird, eilt es vorbei.

Seneca, Text 5 (ep 41, 1–2)

Du tust das Beste und etwas für dich Heilsames, wenn du, wie du schreibst, damit fortfährst, dich um eine vernünftige Einstellung zu bemühen, die zu wünschen töricht wäre, da du sie aus eigener Kraft erlangen kannst. Wir brauchen nicht die Hände gen Himmel auszustrecken, auch nicht den Tempelwächter anzuflehen, dass er uns zum Ohr des Götterstandbildes Zugang gewähren möge, als ob wir dann eher Gehör finden könnten. Nahe ist dir Gott, mit dir ist er, in dir ist er. Das behaupte ich, mein Lucilius: Ein göttlicher Geist wohnt in uns als Beobachter und Überwacher unserer bösen und guten Taten.